Insa Bauer

# Leselöwen
# Indianer-Wissen

Illustrationen von Udo Kruse-Schulz

Loewe

**Bibliografische Information Der Deutschen Bibliothek**
Die Deutsche Bibliothek verzeichnet diese Publikation in der Deutschen Nationalbibliografie; detaillierte bibliografische Daten sind im Internet über *http://dnb.ddb.de* abrufbar.

*Der Umwelt zuliebe ist dieses Buch auf chlorfrei gebleichtem Papier gedruckt.*

ISBN 3-7855-5380-3 – 1. Auflage 2005

Umschlagillustration: Udo Kruse-Schulz
Umschlaggestaltung: Andreas Henze
Gesamtherstellung: sachsendruck GmbH, Plauen
Printed in Germany

**www.loewe-verlag.de**

# Inhalt

# Freche Feder auf Büffeljagd

„Heute ist ein besonderer Tag für mich“, denkt Freche Feder, als er sehr früh am Morgen aufsteht. Er ist so aufgeregt wie noch nie zuvor. Zum ersten Mal will er ganz allein auf die Jagd gehen. Heimlich. Keiner soll es wissen, bis er mit seiner Beute zurückkommt.

Freche Feder hat schon oft bei seinem Vater, Großer Bär, und den anderen Männern gesehen, wie sie einen Büffel verfolgten und töteten. Er weiß, dass es sehr gefährlich ist, allein zu jagen. Und er weiß auch, dass er noch nicht alt genug ist. Doch er will nicht immer nur zuschauen.

„Wenn ich ihnen einen Büffel bringe“, denkt Freche Feder, „beweise ich damit, dass ich geschickt und mutig bin.

Dann gehöre ich zu den Männern und bekomme einen neuen Namen wie Großer Bisonjäger oder Der, der den Büffel fängt.“

Als Freche Feder aus dem Tipi in den grauen Morgen blinzelt, dreht er sich noch einmal um. Großer Bär und Blaue Blume, seine Mutter, schlafen tief und fest. Auch seine Schwester, Weiße Taube, liegt zusammengerollt auf ihrem Fell.

Freche Feder kriecht aus dem Tipi. Am Abend zuvor hatte er alles bereitgelegt und gut versteckt: einen Köcher mit Pfeilen, den Bogen, einen Speer und sein Messer aus Büffelknochen. Schnell hängt er sich alles um.

Sein Ponyhengst, Schneller Wind, wartet hinter den Bäumen auf ihn. Auf leisen Sohlen schleicht er zu ihm und führt das Tier weg.

„Büffel, wir kommen!“, ruft er angriffslustig, nachdem er weit genug von den Tipis seines Klans fort ist. Geschickt schwingt er sich auf den Rücken seines Ponys.

Freche Feder kennt alle Gebiete, in denen die Bisons grasen. Er will sich ein

Tier aussuchen, das nicht zu groß ist. Dann will er versuchen, es von der Herde zu trennen. „Der Rest wird ein Kinderspiel“, denkt er.

Mit Pfeil und Bogen kann er so gut umgehen wie kaum ein anderer in seinem Alter. Er fühlt sich ganz sicher, klopft seinem Pony den Hals und sagt: „Der Büffel fällt nach dem ersten Pfeil tot um. Wenn ich ihn an dir festgebunden habe, ziehst du ihn bis vor die Füße meines Vaters. Großer Bär wird stolz auf mich sein.“

Der Indianerjunge malt sich alles genau aus, während er den Horizont aufmerksam nach den Tieren absucht.

„Da! Dahinten sind sie“, flüstert er und reitet nach Osten, um sich von der Seite an die Herde heranzupirschen. Er prüft die Windrichtung und ist zufrieden. Die Büffel werden ihn nicht wittern können, denn der Wind weht seinen Geruch fort.

Aus sicherer Entfernung sucht sich Freche Feder ein Tier aus, das ein wenig abseits grast. Er weiß, wie angriffslustig die Büffel sind. „Ich muss sie so erschrecken, dass sie in Panik geraten und die Flucht ergreifen. Dann rennen alle in dieselbe Richtung bis auf den einen. Wenn ich zwischen die Herde und dieses Tier reite, schaffe ich es.“ Siegessicher ruft Freche Feder: „Los!“

Mit donnernden Hufen und einem Furcht erregenden Geschrei stürmen Schneller Wind und Freche Feder auf die Büffel zu. Der Junge spürt seine Macht, als er sieht, wie die Herde vor ihm flieht und nur eine riesige Staubwolke hinterlässt.

Während er sich seinem Opfer nähert,

stellt er jedoch erschrocken fest, dass der Bison größer ist, als es ihm von weitem schien. Plötzlich kommt er sich auf seinem Pony ziemlich klein vor. Doch schnell verdrängt er seine Angst. Er legt seinen Pfeil ein und spannt die Sehne. Als er unter das linke Schulterblatt des Tieres zielt, fühlt er sich ihm wieder überlegen.

Im selben Augenblick dreht sich der Büffel um, und der Pfeil zischt an seinem Hinterteil vorbei. Sofort legt der Jäger einen neuen Pfeil ein. Doch er kommt nicht dazu, ihn abzuschießen.

Schnaubend und mit gesenktem Kopf

stürzt der gereizte Bison auf ihn los. Der Boden bebt, Schneller Wind scheut, bäumt sich auf und rast über die Prärie, verfolgt von dem wütenden Büffel.

Nur mit großer Mühe kann sich Freche Feder auf dem galoppierenden Pony halten. Schneller Wind ist so von Sinnen, dass er zwischen einer Baumgruppe durchrennt.

Freche Feder bemerkt den tief hängenden Ast zu spät, der ihn aus dem Sattel reißt und auf den Boden schleudert. Und obwohl er vor lauter Staub nichts sieht, weiß er eins genau: Er muss so schnell wie möglich auf den Baum klettern!

Gerade noch rechtzeitig schwingt er sich hoch. Kurz darauf krachen die Hörner des Büffels gegen den Stamm. Der Baum erzittert. Freche Feder klammert sich krampfhaft fest, um nicht wie eine reife Frucht abgeschüttelt zu werden. Der angriffslustige Bison würde ihn sofort auf die Hörner nehmen oder in den Boden stampfen.

Wutschnaubend starrt der Büffel nach oben und weicht nicht von der Stelle. Ungeduldig kratzt er mit seinen Vorderfüßen im Staub und macht damit deutlich, dass er auf sein Opfer wartet.

Freche Feder spürt erst jetzt, wie groß seine Angst ist. Nur ganz knapp ist er dem Angriff entkommen! Kann er so lange auf dem Ast ausharren, bis der Büffel aufgibt? Oder wird er irgendwann vor Müdigkeit vom Baum fallen?

Plötzlich hört er aus der Ferne das Donnern von Pferdehufen. Der Junge fürchtet eine neue Gefahr. Wenn ihn

Indianer eines feindlichen Stammes entdecken, nehmen sie ihn gefangen. Und das ist mindestens genauso schlimm wie unter einen Büffel zu geraten.

Freche Feder beißt seine Zähne aufeinander, damit sie nicht klappern. Er strengt seine Augen an, um zu erkennen, welchem Stamm die näher kommenden Indianer angehören. Doch eine Staubwolke hüllt sie ein, bis sie nur noch wenige Meter entfernt sind.

Der Büffel versucht zu fliehen, aber für Freche Feder ist es zu spät. Was wird mit ihm geschehen?

Plötzlich hört er bekannte Stimmen. Er atmet auf, als er seinen Vater erkennt. Gerettet!

Er ist froh, dass sein Fortschleichen im Morgengrauen wohl doch bemerkt worden ist. Und zum Glück sind die Männer seines Stammes gute Fährtenleser!

Ob sie ahnen, warum er so früh auf die Prärie geritten ist?

Vom Baum aus schaut der Junge zu, wie sie den Büffel erlegen. Wie gern hätte er selber noch einmal seinen Bogen gespannt!

Mit schlechtem Gewissen klettert Freche Feder vom Baum.

Großer Bär sieht ihn streng an. Nach langem Schweigen sagt er mit unbewegtem Gesicht: „Der Büffel wird uns für einige Zeit Nahrung und vieles andere geben."

Dann legt er seinem Sohn die Hand auf die Schulter. „Und du hast einen neuen Namen verdient: Der, der im Baum hockt!"

# Die Indianer Nordamerikas

Die Ureinwohner Nordamerikas wanderten vor etwa 30 000 Jahren von Asien ein. Den Namen „Indianer“ bekamen sie 1492, als Kolumbus Amerika entdeckte und glaubte, in Indien gelandet zu sein. Im Laufe der Zeit entstanden immer mehr Völker. Jeder Stamm hatte andere Lebensgewohnheiten und verständigte sich in einer eigenen Sprache. Angebetet wurde der Große Geist, Wakonda oder Manitu genannt.

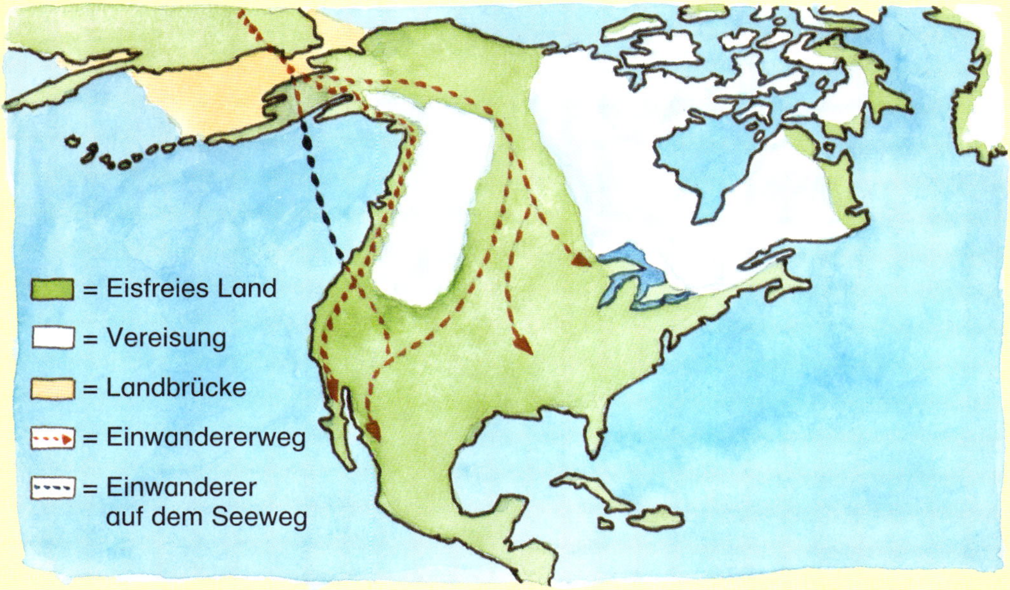


Auf der Jagd wendeten die Jäger Tricks an. Sie tarnten sich mit Tierfellen, um sich an einen Büffel heranzuschleichen. Später jagten sie mit Pferden, die von den Spaniern ins Land gebracht worden waren.

Bevor ein Junge erwachsen wurde, ging er auf seine erste Büffeljagd. Wenn er einen Büffel erlegt hatte, war sein Vater sehr stolz und veranstaltete ein Fest für ihn. Der Stamm hatte einen neuen Krieger bekommen. Sehr stolz war ein Vater aber auch auf seine Tochter, wenn sie erwachsen wurde.

Ursprünglich passten sich die Indianer ihrer Umwelt an. Nie beuteten sie die Natur aus. Sie nahmen sich nur das, was sie zum Leben brauchten. Während einige der Stämme sesshafte Ackerbauern wurden, zogen andere als Jäger umher.

Nicht nur das Fleisch der Büffel war für die Jäger wichtig. Sie verwendeten alles: Felle als Decken, gegerbtes Leder für Tipis, Kleidung und Taschen, Hörner für Gefäße und Löffel, Knochen für Waffen und Werkzeuge. Sogar der getrocknete Dung wurde genutzt – als Brennstoff!

# Sternenjunge wird Indianer

„Psst! Hörst du das Wimmern?“, flüstert Schneller Pfeil. Kleine Schwester lauscht. „Vielleicht liegt irgendwo ein verletztes Tier. Wir müssen es suchen.“

In der Nähe einer Feuerstelle ist eine kleine Felsspalte, in der sich die Indianerkinder manchmal beim Spielen verstecken. Kleine Schwester schiebt vorsichtig ein paar Zweige zur Seite, sodass der Blick in die Felsspalte frei wird. Aber da sitzt kein Tier. Aus der dunklen Nische blickt ihnen mit großen ängstlichen Augen ein hellhäutiger, blonder Junge entgegen. Erschrocken hält er die Hände vor sein Gesicht.

„Wir tun dir nichts. Wir wollen dir nur helfen“, sagt Schneller Pfeil.

Der Junge scheint ihn nicht zu verstehen. Vorsichtig blinzelt er zwischen den Fingern hindurch, zuckt jedoch vor der Hand zurück, die Kleine Schwester ihm entgegenstreckt. „Komm mit uns!“

Im selben Augenblick springt der Junge wie ein aufgescheuchtes Tier aus dem Felsen. Mit einem Satz flitzt er zwischen den beiden Kindern hindurch, fällt aber sofort auf den Boden. Bevor er sich wieder aufrappeln kann, ist Schneller Pfeil bei ihm. „Bist du verletzt?“, fragt er. Da erkennt er, dass der rechte Fuß des Jungen stark angeschwollen ist.

„Fallendes Blatt muss uns helfen“, sagt Kleine Schwester. Fallendes Blatt ist ihre Großmutter. „Komm mit uns!“, bittet sie den Jungen noch einmal.

Sie geben ihm durch Zeichen zu verstehen, dass sie ihn stützen wollen. Obwohl er sie immer wieder ängstlich anschaut, lässt er sich zum Wigwam ihrer Großmutter bringen.

Die Indianerkinder spüren sein Misstrauen, denn der Junge zögert, sich auf das Fell zu setzen. Doch als plötzlich ein kleines braunes Tier über den Boden huscht, hellt sich sein Gesicht auf. Er streichelt das zahme Streifenhörnchen, das Kleine Schwester ihm als Brauner Freund vorstellt. Dann zeigt sie auf den Jungen und fragt: „Und wie ist dein Name?“

Er tippt sich an die Brust und antwortet: „Ricky!“ Mehr sagt er nicht.

Fallendes Blatt reicht Ricky einen Becher Kräutertee. Sie redet beruhigend auf ihn ein und untersucht den Fuß des Jungen. „Der Fuß ist nicht gebrochen. Aber er kann noch lange wehtun.“

Mit Handzeichen versuchen die Kinder, Ricky zu erklären, was ihre Großmutter gesagt hat.

Inzwischen bereitet Fallendes Blatt einen Pflanzenbrei zu und legt Ricky einen Verband an. Der Junge verzieht vor

Schmerz sein Gesicht. Doch er hält still, denn er versteht, dass es sein muss.

„Wieso ist er nicht bei den Weißen, bei seinen Eltern?“, fragt sie. Keiner kann ihr das beantworten.

„Bestimmt kommen sie bald und suchen ihn“, vermutet Kleine Schwester. Ganz wohl ist ihr bei dem Gedanken nicht.

In den nächsten Tagen und Wochen wird Ricky getröstet und gepflegt, unterhalten und verwöhnt. Kinder und Erwachsene aus dem Dorf bringen ihm Geschenke. Sie versuchen, sich mit ihm durch Zeichen zu verständigen, auf die er mit Nicken oder Kopfschütteln antworten kann. Wenn er selbst losplappert, verstehen die Indianer kein Wort. Aber das macht nichts. Er spürt, dass sie ihn mögen. Und als das Streifenhörnchen zum ersten Mal auf seine Schulter klettert, fühlt er sich endgültig angenommen.

Bald ist sein Fuß wieder gesund, und Ricky tobt und spielt mit den anderen

Kindern. Er reibt sich Erde ins Gesicht, auf Arme und Beine, damit er nicht mehr wie ein Bleichgesicht aussieht. So nennen die Indianer einen Weißen.

Aus Ricky ist ein blonder Indianer geworden, der jetzt Sternenjunge genannt wird. Inzwischen hat er die Sprache seiner Freunde gelernt. Manchmal erklärt er den anderen einzelne Wörter seiner Sprache, die er jedoch immer weniger benutzt.
Rickys Herkunft bleibt lange ein Rätsel. Bis er ihnen eines Abends am Lagerfeuer

in wenigen Sätzen seine Geschichte erzählt: „Meine Eltern kenne ich nicht. Sie sind gestorben, als ich noch ganz klein war. Ich bin bei meinem Onkel aufgewachsen. Von ihm bin ich weggelaufen und habe mich im Wald versteckt. Dann bin ich in die Felsspalte gefallen."

„Meinst du, dass dein Onkel dich sucht?", fragt Schneller Pfeil.

Sternenjunge zuckt mit den Schultern.

Eines Tages kommen drei weiße Männer ins Dorf, um Gewehre gegen Felle einzutauschen. Sie starren den blonden Jungen verwundert an und verlangen, den Häuptling zu sprechen.

Als die Männer mit grimmigen Gesichtern wieder davonreiten, beobachten Kleine Schwester und Schneller Pfeil sie voller Sorge.

„Häuptling Großer Hirsch hat ihnen gesagt, dass jeder selber entscheiden soll, wo er leben will“, erzählt ihnen die Großmutter später. „Wir müssen mit dem Jungen reden.“

Aber wo ist Sternenjunge? Die Kinder suchen überall nach ihm. Ist er weggelaufen?

Schneller Pfeil und Kleine Schwester ahnen, wo sie ihn finden können. Sie gehen zur Felsspalte.

Ängstlich und zusammengekauert hockt Sternenjunge da. „Ich will nicht zu den Weißen“, flüstert er. „Ich bin doch jetzt ein Indianer!“

# Das Leben der Indianer früher

Ein Klan war eine Gruppe von verwandten Familien. Als verwandt galten Stämme, die von dem gleichen Totemtier abstammten. Totemtiere waren Tierahnen, denen besondere Kräfte nachgesagt wurden. Der **Totempfahl** zeigte die Geschichte einer Familie.

Bei Sport und Spiel bereiteten sich die Jungen und Männer auf das Kämpfen vor. Beim **Lacrosse** versuchten die Spieler, mit Schlägern aus Holz und Leder einen Lederball über die Grenzlinie der Gegner zu schlagen. Das Spiel gibt es immer noch.

Nach der Entdeckung Amerikas eroberten weiße Siedler aus Europa das Land. Bald tauschten die Indianer Felle und Leder gegen Gewehre, Alkohol und später auch Pferde ein.

Die Weißen wollten das fruchtbare Land selbst besitzen. Allmählich verdrängten sie die Ureinwohner in begrenzte Gebiete (Reservate), in denen der Boden wenig fruchtbar war. Den Ackerbauern, Jägern, Sammlern und Fischern fehlte dort fast alles, was sie zum Leben brauchten.

Immer wieder schlossen die Weißen mit den Indianern Verträge. Sie versprachen ihnen viel und hielten kaum etwas davon. Die Indianer wehrten sich. Doch da sich die Stämme untereinander nicht einig waren, hatte das wenig Erfolg. Es kam zu harten Kämpfen zwischen Indianern und Weißen. Die Schlacht am Rosebud Creek endete unentschieden. 1876 schlugen mehrere Indianerstämme gemeinsam die Weißen am Little Big Horn. 1890 umzingelten Soldaten eine Gruppe Sioux und erschossen mehr als 300 Männer, Frauen und Kinder.

# Mondmädchen

„Soll ich dir wieder was erzählen?“ Mondmädchen schaut den Vollmond an, als erwarte sie eine Antwort. Wie immer in sommerlich warmen Mondnächten sitzt sie unter einem Baum in der Nähe ihres Dorfes. Sie denkt sich Geschichten aus und flüstert sie dem Mond zu, den sie ihren Freund nennt. Bei den Indianern im Dorf heißt sie deshalb Mondmädchen.

„Am liebsten möchte ich auf einer Wolke zu dir hinauffliegen und dich besuchen“, fantasiert Mondmädchen, als sie am Horizont mehrere kleine Wölkchen entdeckt. „Ich könnte mir dann alles einmal von oben anschauen: unser Dorf, das Tal und die Felsen.“

Plötzlich erschrickt sie. „Das sind ja Rauchzeichen!“

Mondmädchen weiß, was die Zeichen bedeuten. Es ist eine Warnung, die ein befreundeter Stamm ihrem Klan schickt:

Räuberische Apachen nähern sich der Schlucht und ihrem Dorf!

Mondmädchen kennt die Gefahr, die ihnen droht. Deshalb zögert sie keine Sekunde. Sie stürmt zu ihrem Lehmhaus und weckt ihren Vater und ihre drei Brüder. „Apachen wollen uns überfallen!“

Erschrocken fahren die Männer aus dem Schlaf und stürzen nach draußen. Doch weit und breit ist alles ruhig. Friedlich liegt das Tal im Mondlicht da. Nicht die kleinste Bewegung ist zu erkennen.

Mondmädchen spürt, dass ihr Vater und ihre Brüder ihr nicht glauben. Schon zu oft hatte sie ihnen Geschichten erzählt, die ihr bei Vollmond eingefallen waren. Die tollsten Abenteuer hatte sie sich ausgedacht.

„Ihr denkt, ich habe alles erfunden oder geträumt. Aber ich habe die Rauchzeichen wirklich gesehen. Dort hinten!“, ruft Mondmädchen trotzig und zeigt nach Süden.

Ihr Vater, Wachsamer Adler, schaut sie lange an und schüttelt den Kopf.

Einer ihrer Brüder, Bärenkralle, legt sich auf den Boden und presst sein Ohr auf die Erde. Geduldig wartet er. Dann schüttelt auch er den Kopf.

„Sie sind vor der Schlucht!“, beharrt Mondmädchen. Angst, Wut und das Gefühl von Ohnmacht treiben ihr die Tränen in die Augen. Die Apachen werden bald das Dorf überfallen und ausplündern. Was soll sie nur tun?

Durch den Tränenschleier entdeckt sie plötzlich wieder Rauchzeichen am Horizont. Ihr Vater und die Brüder folgen ihrem Blick und erkennen sofort die Gefahr.

Wenige Minuten später sind alle Männer des Dorfes auf den Beinen. Bewaffnet mit Speeren, Pfeilen und Bögen, ziehen sie den Feinden entgegen.

Im allgemeinen Durcheinander gelingt es Mondmädchen, sich fortzuschleichen.

Vom nächsten Hügel aus hat sie eine gute Aussicht auf die Mündung der Schlucht.

Im Mondlicht beobachtet sie, wie die Männer Steine in den Eingang der Schlucht rollen und bereitliegende Baumstämme darüber legen, um den Zugang zu ihrem Tal zu versperren. Als die Barrikade groß genug ist, klettern die Männer die Felsen hoch und lauern ihren Feinden auf.

„Sie wollen sie von oben angreifen", denkt Mondmädchen. „Hoffentlich sind die Apachen schnell besiegt!"

Bald hört sie wildes Geschrei, das lauter und lauter wird und nicht enden will. Voller Angst beißt sie sich auf die Lippen.

Eine Wolke zieht vor den Mond, und sie kann kaum etwas erkennen. Was ist, wenn die Feinde den Männern aus dem Dorf überlegen sind?

Plötzlich ist es ganz still. Nichts bewegt sich mehr. Was bedeutet das?

Für Mondmädchen vergehen die nächsten Minuten wie Stunden. Angst presst ihr die Brust zusammen, und sie wagt kaum zu atmen. Als der Mond endlich wieder zum Vorschein kommt, erkennt sie, dass die Barrikade niedergerissen wird. Aber von wem? Von ihrem Vater, ihren Brüdern und den Männern aus dem Dorf oder von den Apachen?

Einen Augenblick später findet sie die Antwort auf ihre ängstlichen Fragen: „Da! Unsere Männer! Sie kommen zurück!“, jubelt sie und möchte ihrem Vater am liebsten entgegenlaufen. Doch sie denkt an die Frauen, Mädchen und Kinder im Dorf, die ängstlich auf Nachrichten warten. Schnell rennt sie ins Dorf zurück.

„Sie haben es geschafft!“, ruft Mondmädchen ihnen zu. „Sie haben die Apachen vertrieben!“

Gespannt warten alle darauf, was die Männer erzählen.

„Wir haben sie in eine Falle gelockt“, berichtet Wachsamer Adler. „Zum Glück war noch Zeit genug, eine Barrikade zu bauen, damit wir ihnen den Weg nach vorn versperren konnten. Es klappte. Als sie die Barrikade sahen, wollten sie plötzlich umkehren. Aber hinter ihnen standen inzwischen unsere Freunde. Da blieb ihnen kein anderer Ausweg, als auf die Felsen zu klettern. Dort wurden sie schon erwartet: Von uns! Gemeinsam mit unseren Freunden griffen wir sie von allen Seiten an und trieben die meisten in die Flucht. Die, die nicht aufgeben wollten, mussten wir gefangen nehmen.“

Als wieder Ruhe eingekehrt ist, setzt sich Mondmädchen unter ihren Baum. Sie schaut ihren Freund, den Mond, an und erzählt ihm die Geschichte von dem großartigen Sieg der Männer aus dem Dorf über die Apachen.

„Aber du hast ja alles selber gesehen“, sagt sie.

# Bekannte Indianerstämme

Da die verschiedenen Indianerstämme keine gemeinsame Sprache hatten, benutzten sie Zeichen, um sich zu verständigen. Sie sprachen mit den Händen, mit dem Körper und durch die Bemalung ihrer Gesichter. Federn wurden auf bestimmte Weise beschnitten und gefärbt.

Um eine Nachricht über eine größere Entfernung zu senden, ließen die Indianer Rauchzeichen in den Himmel steigen. Sie zündeten feuchtes Gras an, sodass es stark rauchte. Wenn sie eine Decke darüber hielten und diese in kurzen oder längeren Abständen wegzogen, entstanden unterschiedlich große Rauchwolken.

Der Nordosten mit seinen Wäldern, großen Seen und Flüssen war die Heimat vieler Stämme. Die **Irokesen** lebten in Langhäusern. Das waren Häuser für mehrere Familien, die bis zu 60 m lang sein konnten. Sie bauten Mais, Kürbisse und Bohnen an, sammelten Pilze und Beeren, jagten und fischten.

Im Nordwesten wohnten die **Haida** in festen Plankenhäusern aus Zedernholz. Das Meer und die Flüsse boten ihnen reichlich Fische. Getrockneter Fisch war ihre Hauptnahrung im Winter. Die Indianer dieser Gegend waren geschickte Holzschnitzer.

In den Prärien zogen die Stämme der **Sioux** umher. Als Jäger folgten sie den Büffelherden. Bevor sie die Pferde kennen lernten, zogen Hunde die schweren Lasten. Ihre Tipis aus Stangen und Büffelhäuten konnten die Sioux schnell abbauen und mitnehmen.

Im Südwesten ließen sich die **Puebloindianer** nieder. Sie lebten in türlosen Lehm- oder Steinhäusern, in die man nur vom Dach aus einstieg.

Um Gemüse und Tabak anzubauen, mussten sie ihre Felder bewässern. Sehr gefürchtet waren in dem Gebiet umherziehende **Apachen**, die Dörfer überfielen und plünderten.

# Anglerglück und Erntedank

„Seht euch mal die Bleichgesichter an!“, sagt Biberherz lachend. „Wie ungeschickt sie sind. So fangen die doch nie einen Fisch.“

Seine Freunde Junger Fuchs und Kleiner Rabe kichern.

Hinter einem Busch versteckt beobachten sie drei Kinder weißer Siedler am Fluss.

Junger Fuchs schüttelt verwundert den Kopf. „Sie stehen im Fluss und versuchen, mit den Händen Fische zu fangen. Und wenn sie endlich mal einen erwischen, glitscht er ihnen wieder weg.“

„Warum nehmen sie keine Speere?“, will Kleiner Rabe wissen. „Können sie damit nicht umgehen?“

„Womit können die Bleichgesichter denn überhaupt umgehen?“, fragt Biberherz. „Wenn sie auf die Jagd gehen, kehren sie fast immer ohne Beute zurück. Sie pflanzen nichts und ernten deswegen auch nichts. Was essen sie eigentlich?"

„Ich sehe sie manchmal Kräuter und Beeren sammeln", antwortet Junger Fuchs.

„Wollen wir ihnen zeigen, wie man Fische fängt?", schlägt Biberherz vor.

Doch Kleiner Rabe meint: „Sie laufen bestimmt weg, wenn wir kommen. Bis jetzt sind sie uns immer aus dem Weg gegangen."

„Ich habe eine Idee", sagt Junger Fuchs. „Wir holen unsere Speere und fischen dort, wo sie uns sehen können."

Kurze Zeit später stehen die drei Indianerjungen mit ihren Speeren am Fluss.

„Sie beobachten uns“, flüstert Biberherz den anderen zu.

Doch als er einen Lachs an seinem Speer hochhält, schauen die weißen Kinder schnell in die andere Richtung.

Um ihre Blicke wieder auf sich zu ziehen, tanzt Biberherz mit dem Fisch am Speer herum. Die Weißen tun jedoch so, als würden sie es nicht bemerken. Aber die Indianerkinder spüren, dass sie immer wieder verstohlen zu ihnen herüberschauen.

Plötzlich rutscht Biberherz aus und fällt mit einem lauten Plumps ins Wasser. Ganz unfreiwillig lenkt er damit alle Aufmerksamkeit auf sich.

Die fremden Kinder lachen und kommen sogar ein wenig näher. Langsam gehen ihnen die Indianerjungen entgegen, bis sie sich gegenüberstehen.

Biberherz legt einem der weißen Jungen seinen Lachs in die Hände, einem anderen reicht er seinen Speer und zeigt ins Wasser.

Der Junge blickt ihn fragend an. Dann nimmt er vorsichtig die Waffe und hält nach Beute Ausschau. Viele der Speerstöße gehen daneben, doch er gibt nicht auf. Endlich erwischt er einen Lachs, den er allen stolz zeigt.

Der Jubel ist groß. Die Indianer loben ihn und feuern ihn mit Zeichensprache zu weiteren Fängen an.

Biberherz und seine Freunde erfahren, dass die Jungen Charly, Henry und Oliver heißen. Sie schenken ihnen ihre Speere und stellen für sich selbst neue her.

Oft treffen sie sich am Fluss und fischen gemeinsam. Die weißen Kinder werden immer geschickter, und alle haben viel Spaß dabei.

Durch die Kinder kommen sich bald auch die Erwachsenen näher. Sie jagen und angeln zusammen.

Im Frühsommer zeigen die Indianer den Weißen, wie man Kürbisse, Mais und Bohnen anbaut. Die Siedler lernen auch, Fleisch, Fisch und Gemüse für den Winter haltbar zu machen. Sie zerstampfen getrocknetes Bisonfleisch mit Fett, Wurzeln und Beeren und verrühren die Masse zu einem Brei. Dieses Pemmikan ist ein sehr nahrhafter Vorrat, der sich über längere Zeit in Lederbeuteln aufbewahren lässt.

Zum Dank für die reiche Ernte wollen die Siedler ihre indianischen Nachbarn im Herbst zu einem Erntedankfest einladen. Charly, Henry und Oliver sollen Häuptling Rollender Donner die Einladung überbringen.

Als sie den sehr dicken Mann begrüßen, lächelt er freundlich. Er versteht zwar ihre

Sprache nicht, scheint sich jedoch über ihren Besuch sehr zu freuen.

Um seine Einladung auszudrücken, zeigt Charly auf den Häuptling, beschreibt mit seinen Armen einen großen Kreis und deutet in Richtung ihrer Siedlung.

Das freundliche Lächeln verschwindet sofort. Dem Jungen wird klar, dass Rollender Donner ihn missverstanden hat. „Ich habe ihn beleidigt! Er denkt, ich meine seinen Körperumfang. Was soll ich jetzt tun?“, flüstert Charly den anderen verzweifelt zu. Er ist so froh, als er Biberherz, Junger Fuchs und Kleiner Rabe kommen sieht. Schnell erklärt er den drei Indianern mit Zeichen und Gesten die verzwickte Lage.

Die Indianerjungen verstehen die Zeichensprache ihrer neuen Freunde inzwischen sehr gut und übersetzen die Botschaft.

Das Gesicht des Häuptlings hellt sich sofort wieder auf, als er erfährt, was

Olivers Armbewegung eigentlich bedeuten sollte.

„Ich danke euch“, sagt Häuptling Rollender Donner würdevoll. „Eure Einladung ist für uns eine große Ehre.“

# Berühmte Indianerhäuptlinge

**Seattle** (1786–1865), Häuptling der Duwamish, die als Fischer an der amerikanischen Westküste lebten. In einer bedeutenden Rede ermahnte er die Weißen, auf die Natur und die Geister seiner Ahnen Rücksicht zu nehmen.

**Sitting Bull** (Sitzender Büffel, 1831–1890), Häuptling der Hunkpapa-Sioux, weigerte sich, seinen Stamm mitten im Winter umzusiedeln. Nach seinem Sieg über General Custer am Little Big Horn floh Sitting Bull nach Kanada, kehrte jedoch einige Jahre später zurück. 1890 wurde er von der Reservationspolizei getötet.

**Geronimo** (1829–1909), Häuptling der Apachen, wurde zu einem gefürchteten Kämpfer, nachdem Weiße seine Familie getötet hatten. Als er später mit nur wenigen Kriegern gegen tausende von Soldaten kämpfte, musste er aufgeben. Er nahm den christlichen Glauben an und starb im Alter von 80 Jahren an einer Lungenentzündung.

**Joseph** (1839–1904), Häuptling der Nez Percé (Durchstochene Nasen), kämpfte gegen die europäischen Einwanderer, die seinen Stamm vertrieben und ihm das Züchten von Pferden verboten hatten. Vergeblich forderte er immer wieder gleiches Recht für alle Menschen.

**Sequoya** (1760–1843), Häuptling der Cherokee, glaubte daran, dass durch Lesen und Schreiben die Unterdrückung besiegt werden könnte. Er entwickelte ein Alphabet für die Sprache der Cherokee. Für jede der 86 Silben erfand er ein Zeichen. Die erste Zeitung in der Sprache der Cherokee erschien im Jahr 1828.

**Red Cloud** (Rote Wolke, 1822–1909), Häuptling der Oglala-Sioux, kämpfte verbissen gegen die Weißen, die immer wieder Verträge brachen. Trotzdem verhandelte er aber auch mit der amerikanischen Regierung, um Teile der Prärie für sein Volk zurückzubekommen.

# Blaue Steine in Silberglanz

„Wenn ich mit der Schule fertig bin, gehe ich in die Stadt“, sagt Glückliche Blume. „Hier gibt es ja doch kaum Arbeit, außer im Spielkasino. Aber da möchte ich nicht hin.“

Lachende Sonne nickt. „Ich komme mit dir in die Stadt. Ich habe mich auch schon beworben. In einem Hotel! Mein Vater arbeitet dort, obwohl mein Großvater dagegen ist.“

Glückliche Blume und Lachende Sonne sind im Reservat geboren.
Die Lebensgewohnheiten ihrer Familien haben sich denen der weißen Amerikaner zum großen Teil angepasst. Nur aus den Erzählungen der Großeltern hören die

beiden manchmal noch etwas über das Leben ihrer Vorfahren.

Lachende Sonne macht sich Sorgen um ihren Großvater Flinke Hand. „Er sagt, die alten Bräuche und die indianische Handwerkskunst sterben langsam aus. Das stimmt ihn traurig.“

„Ob er uns zeigen kann, wie man aus Silber und Türkisen Schmuck herstellt?“, will Glückliche Blume wissen. „Von meinem Großvater habe ich nämlich einen Beutel voller Silber und Türkise geerbt. Sollen wir Flinke Hand mal fragen?“

Lachende Sonne freut sich über die Idee. Als sie ihrem Großvater davon erzählt, blitzen seine Augen für einen Moment auf. „Ja, das ist gut“, sagt er. „Die jungen Leute müssen das Handwerk lernen.“

Schon bald zeigt ihnen Flinke Hand, wie das Silber und die Türkise bearbeitet werden. Die Mädchen zeichnen fantasievolle Muster auf und haben großen Spaß an der Arbeit.

Glückliche Blume kannte Flinke Hand bisher nur mit grimmigem Gesicht und ernsten Augen. Wie sehr wundert sie sich, dass der alte Mann ihnen alles freundlich und geduldig erklärt. Seine Augen leuchten, als sie das erste kleine Schmuckstück fertig gestellt haben.

Missmutig knurrt er jedoch, wenn weiße Touristen durch das Reservat bummeln und ihm über die Schulter schauen.

Doch wenn sie ihnen eine Handarbeit abkaufen, vergisst er seinen Ärger für einen Moment.

Eines Tages bleiben drei Frauen bei ihnen stehen und sehen ihnen bei der

Arbeit zu. Eine der Frauen zeigt auf die Zeichnungen und sagt zu Glückliche Blume: „Ihr habt hier ein sehr hübsches Muster gezeichnet. Wenn ihr aus den Türkisen und dem Silber solch eine Kette herstellen könnt, kaufe ich sie gerne."

Prompt antwortet Glückliche Blume: „In einer Woche ist die Kette fertig." Und schon hat sie ihre erste Bestellung!

An diesem Tag gibt es noch mehr Aufträge. Die Mädchen überlegen, ob sie alles in einer Woche fertig stellen können. Doch sie wollen es schaffen, auch wenn sie dann in der nächsten Zeit sehr viel arbeiten müssen.

Nach der Schule setzen sie sich jeden Tag sofort wieder zum Großvater an den Tisch vor seiner Hütte und arbeiten bis zur Dämmerung. Dabei werden die Mädchen immer geschickter und schneller.

Nach einer Woche haben Glückliche Blume und Lachende Sonne alle bestellten Schmuckstücke fertig.

Am Nachmittag kommt die Frau und holt

ihre Halskette ab. Sie ist begeistert. „Das ist die schönste Kette, die ich je gesehen habe!“, sagt sie und bestellt gleich noch ein passendes Armband und einen Ring.

Die Zahl der Touristen nimmt zu. Es hat sich herumgesprochen, dass die beiden Mädchen und ihr Großvater besonders schönen Schmuck herstellen und immer neue Muster erfinden.

Bald verdienen die drei Künstler so gut mit ihrem Handwerk, dass sie sich eine eigene kleine Hütte bauen lassen. So haben sie einen geschützten Arbeitsraum, in dem sie alles über Nacht liegen lassen können.

In der Hütte werden auf beiden Seiten Regale angebracht. Lachende Sonne legt die Fächer mit dunkelrotem Stoff aus, den ihre Großmutter gewebt hat. Darauf leuchten die Türkise und das Silber besonders schön.

Dem Großvater passen die fremden Bleichgesichter, die ihm bei der Arbeit zusehen, immer noch nicht. Er sieht jedoch sehr zufrieden aus, wenn er wieder einmal eine fertige Kette auf dem dunkelroten Tuch ausbreitet.

Schon lange haben die Mädchen nicht mehr vom Weggehen gesprochen. Aus ihrer Hütte ist inzwischen ein richtiges kleines Geschäft geworden, in dem sie auch Handarbeiten von anderen Indianern verkaufen.

Doch eines Tages ist Lachende Sonne nachdenklich und ernst, während sie über ihrer Arbeit sitzt.

Glückliche Blume spürt, dass irgendetwas ihre Freundin bedrückt. „Was ist los? Kann ich dir helfen?“, fragt sie.

„Ich habe heute einen Brief aus der Stadt bekommen“, erklärt Lachende Sonne. „Ich kann im Hotel arbeiten, wenn ich will.“

„Willst du denn?“, fragt Glückliche Blume.

„Mein Vater möchte, dass ich zusage“,

antwortet Lachende Sonne. Als sie das betroffene Gesicht ihrer Freundin sieht, fügt sie schnell hinzu: „Aber ich bleibe lieber hier!“

Glückliche Blume und Lachende Sonne haben es geschafft, die alten Bräuche mit dem modernen Leben zu verbinden.

Und das Gesicht des Großvaters wirkt nur noch selten grimmig. Seine Augen strahlen jetzt immer öfter.

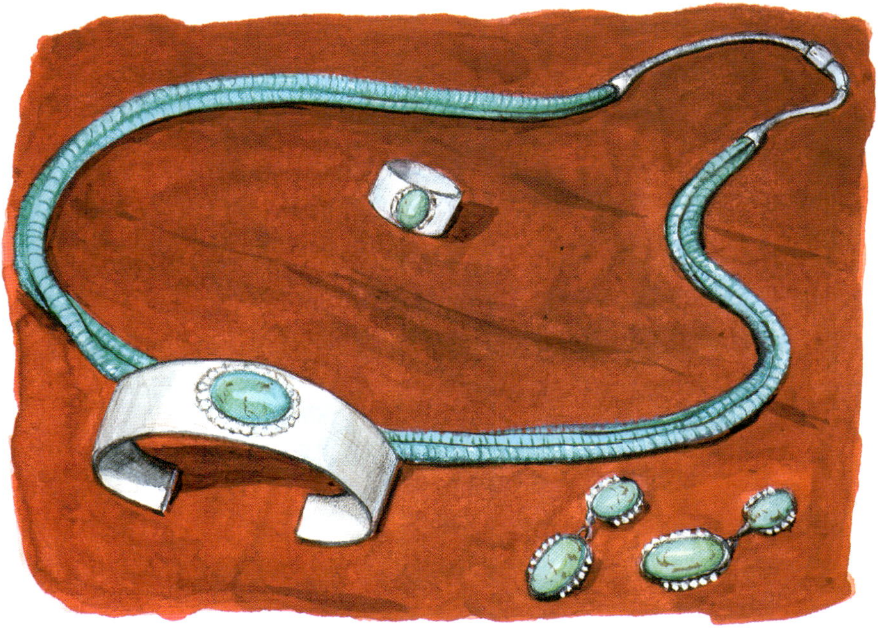

# Indianer heute

Etwa die Hälfte der Indianer lebt heute in Reservaten, die ihnen von den Weißen zugeteilt wurden. Die Arbeitslosigkeit ist dort sehr hoch. Immer mehr ziehen deshalb in die Städte, um Arbeit zu finden. Die größten Reservate in den USA liegen in Arizona, New Mexico und Utah. Dort leben mehr als 140 000 Navajo-Indianer. Den größten Indianerstamm bilden heute die Cherokee mit fast 370 000 Menschen.

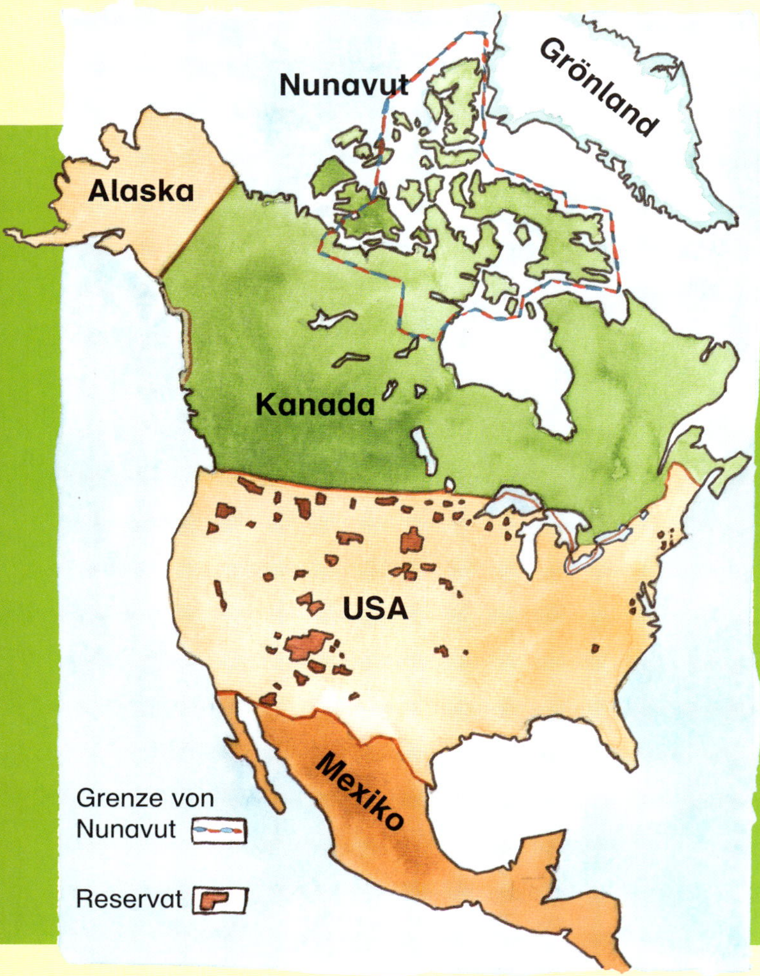


In Kanada wurde den Indianern ein großes Land- und Wassergebiet zurückgegeben. Die Fläche ist etwa sechsmal so groß wie Deutschland und besteht aus unberührter Wildnis. Seit 1999 leben dort ungefähr 30 000 Ureinwohner. Sie nennen das Land Nunavut, in der Sprache der Inuit heißt das „unser Land“.

In den USA dürfen Indianer in ihren Reservaten Spielkasinos betreiben. Diese nennen sie „Neue Büffel“, denn was für ihre Vorfahren die Büffel waren, sind für die Indianer heute die Spielkasinos: Sie sichern ihnen den Lebensunterhalt.

Viele Familien verdienen sich ihr Geld mit Kunsthandwerk. Die Navajo, Hopi und Zuni im Südwesten von Nordamerika stellen Schmuck, Decken und Töpferwaren her. In waldreichen Gegenden im Nordosten arbeiten viele Holzschnitzer.

Immer mehr Familien schließen sich zusammen, um ihre Lebensbedingungen zu verbessern. Sie lassen alte Gebräuche wieder aufleben und unterrichten ihre Kinder in der Sprache und Lebensweise ihres Stammes. Musik und Tänze und die Anbetung von Geistern sind dabei sehr wichtig.

**Insa Bauer** wurde 1948 in Oldenburg geboren. Sie arbeitete zunächst als Übersetzerin, bevor sie an der Fernuni eine Fortbildung in Erziehungs- und Sozialwissenschaften, Schwerpunkt Sonderpädagogik, machte. Durch ihre Söhne kam sie zum Schreiben von Kinderbüchern.
Seit 1986 ist sie freie Schriftstellerin. Ihre bevorzugten Themen sind dabei Natur und Umwelt, Ur- und Vorgeschichte, Detektivgeschichten zum Mitraten und Alltagsgeschichten. Insa Bauer lebt mit ihrer Familie in Rastede bei Oldenburg.

**Udo Kruse-Schulz** wurde 1960 geboren. Schon in der Schule stand für ihn fest, dass er Illustrator werden wollte. Nach dem Abitur studierte er in Hamburg aber erst einmal klassische Archäologie, bevor er seinen Traum, Grafik mit Schwerpunkt Illustration zu studieren, tatsächlich wahr machte. Udo Kruse-Schulz lebt mit seiner Frau und seinen fünf Katzen in der Nähe von Hamburg.

# Leselöwen

Abenteuer- und Sachgeschichten **Wissen**

## Leselöwen wissen mehr!

- *Wie schnell läuft das schnellste Pferd der Welt?*
- *Welche Erfolge erzielte Diego Maradona während seiner Karriere?*
- *Mit welchen Waffen wurde während der Ritterzeit gekämpft?*
- *Und warum gehören Delfine nicht zu den Fischen?*

Auf diese und andere Fragen weiß die Reihe **Leselöwen-Wissen** interessante und verblüffende Antworten. Neben Sachseiten mit zahlreichen Fakten bietet sie spannende Geschichten zu vielen Lieblingsthemen.

Loewe